Parque Nacional

Acadia

Grace Hansen

Abdo Kids Jumbo es una subdivisión de Abdo Kids
abdobooks.com

abdobooks.com

Published by Abdo Kids, a division of ABDO, P.O. Box 398166, Minneapolis, Minnesota 55439.

052019

092019

Spanish Translator: Maria Puchol

Photo Credits: Alamy, Getty Images, iStock, Minden Pictures, National Park Service

Production Contributors: Teddy Borth, Jennie Forsberg, Grace Hansen

Design Contributors: Dorothy Toth, Laura Mitchell

Library of Congress Control Number: 2018968166

Publisher's Cataloging-in-Publication Data

Names: Hansen, Grace, author.

Title: Parque Nacional Acadia/ by Grace Hansen.

Other title: Acadia national park. Spanish

Description: Minneapolis, Minnesota : Abdo Kids, 2020. | Series: Parques nacionales

Identifiers: ISBN 9781532187599 (lib.bdg.) | ISBN 9781532188572 (ebook)

Subjects: LCSH: Acadia National Park (Me.)--Juvenile literature. | National parks and reserves--Juvenile literature. | Forest reserves--Maine--Juvenile literature. | United States--Juvenile literature. | Spanish language materials--Juvenile literature.

Classification: DDC 974.145--dc23

Contenido

Parque Nacional Acadia

El Parque Nacional Acadia está en Maine. El presidente Woodrow Wilson lo nombró monumento nacional en 1916. Tres años más tarde se convirtió en parque nacional.

Con una extensión de poco menos de 50,000 acres (20,234 hectáreas), Acadia es un parque nacional pequeño. Aún así, está lleno de una hermosa naturaleza, plantas y animales.

Naturaleza y sus características

Más de 40 especies de **mamíferos** viven en el parque. Los pequeños mamíferos son más comunes. Se pueden encontrar nutrias y castores en estanques y lagos.

Los puercoespines y las marmotas viven a menudo en los bosques o en sus cercanías. Los bosques de abetos son los más comunes en Acadia.

El parque tiene muchas flores silvestres. Las aster y varas de oro son plantas nativas de Acadia. Florecen en agosto y septiembre.

Acadia tiene también maravillosas características **geológicas**. La montaña Cadillac está ubicada en el parque. Su cima mide 1,530 pies (466 m).

Otras formaciones rocosas son zonas de anidación del halcón peregrino. Estas aves están **en peligro de extinción**.

Los humedales constituyen más del 20% de Acadia. El rododendro es un **arbusto** florido. Se puede encontrar cerca de las **ciénagas** del parque.

Con sus muchas millas de costa, los animales marinos también abundan aquí. Algunos **invertebrados**, como las estrellas de mar, pueden verse cerca de la costa.

Actividades divertidas

Ir a ver pozas, cuando la marea está baja, para ver plantas, rocas y animales

Hacer kayak en el lago Eagle

Visitar en otoño para ver el espectacular cambio de colores

Contemplar a los escaladores subiendo los acantilados de granito rosado

Glosario

arbusto - planta con un tallo leñoso que se ramifica a partir de la base.

ciénaga - área baja y húmeda que a menudo está cubierta de hierbas altas.

en peligro de extinción - especie de planta o animal que está en peligro de desaparecer.

geológico - relacionado con el estudio de la estructura física de la tierra y su materia.

invertebrado - animal que no tiene columna vertebral o esqueleto dentro de su cuerpo.

mamífero - animal de sangre caliente con la piel cubierta de pelo y esqueleto en su interior.

Índice

¡Visita nuestra página **abdokids.com** y usa este código para tener acceso a juegos, manualidades, videos y mucho más!